Adolphe d'Assier

L'Évolution historique des peuples

Essai de synthèse sociologique

ISBN : 978-1548863241

10 9 8 7 6 5 4 3 2 1

Adolphe d'Assier

L'Évolution historique des peuples

Essai de synthèse sociologique

Table de Matières

Introduction

Depuis la publication du *Cours de philosophie positive*, publication qui remonte à une quarantaine d'années, et dont les derniers volumes sont consacrés à l'exposition de la science sociale ou, pour nous servir de l'expression d'Auguste Comte, de la *sociologie*, il ne s'est produit aucun grand travail d'ensemble sur cette branche des études philosophiques. L'essai tenté par le fondateur de l'école positiviste était-il prématuré ? On le croirait, à en juger par le peu de faveur dont jouit en France l'économie politique, qui forme, comme on sait, la première assise de la sociologie, et dont M. Littré a pu dire avec raison qu'elle est à la science des sociétés ce que la théorie des fonctions nutritives est à la science de la vie. Ce discrédit des études économiques a été naguère officiellement proclamé à la tribune au sujet d'une pétition réclamant la création de chaires d'économie politique dans nos principales villes. L'assemblée est passée à l'ordre du jour sur la proposition du rapporteur, qui déclarait « que l'économie politique n'était pas une science. » Un argument autrement grave se tire de la lecture du livre qu'un des plus éminents penseurs de l'Angleterre, Herbert Spencer, a récemment publié sous ce titre : *Introduction à la science sociale*. Loin de se risquer dans un essai de synthèse sociologique, le compatriote de Malthus et de Stuart Mill se contente de classer et d'analyser les difficultés d'ordre subjectif que rencontre la solution d'un tel problème. Les convictions politiques et religieuses, les préjugés de race et de caste, ceux que l'on puise dans l'éducation, les tendances naturelles accrues par des sympathies ou des antipathies inconscientes, sont autant de facteurs dont il est presque impossible de se débarrasser, car ils sont en quelque sorte une partie intégrante de nous-mêmes, et qu'il faut cependant éliminer, si l'on veut apprécier d'une manière saine et impartiale les événements humains. Toutes ces difficultés ont été résumées de la manière la plus heureuse par Spencer dans un mot emprunté aux sciences mathématiques, l'*équation personnelle*. C'est pour ne pas avoir tenu compte de son équation personnelle, équation formidable chez un penseur de sa trempe, qu'Auguste Comte, après avoir esquissé les grandes lignes de la science sociale, ou plutôt de la méthode, fit fausse route dès qu'il voulut entrer dans la voie des applications. Il n'en fallait pas davantage pour jeter une certaine défaveur sur ce genre de recherches et pour en éloigner les esprits désireux de certitude. Mais si les essais de synthèse font défaut, il n'en est pas de même des travaux de détail, des aperçus de tout genre empruntés aux sciences qui touchent par un point quelconque à l'anthropologie. Nous voudrions exposer sommairement quelques-uns de ces aperçus relatifs à l'évolution historique des peuples. Chemin faisant, nous aurons occasion de montrer quelles clartés inattendues sont venus jeter sur les études sociologiques les progrès accomplis par les sciences naturelles dans ces dernières années.

Section I

Il est d'axiome en sociologie que l'étude de cette science suppose la connaissance préalable de la biologie, à laquelle elle emprunte ses méthodes d'investigation, et dont elle n'est en quelque sorte que l'épanouissement terminal. Comme on l'ajustement observé, l'homme est à la fois le problème final de la science de la vie et le facteur initial de la science des sociétés. Le corps social est un agrégat vivant dont l'être humain forme l'unité primordiale, en d'autres termes un véritable organisme qui grandit et se développe comme tous les êtres doués de vie, obéissant comme ces derniers à la loi du progrès, loi qui se manifeste en sociologie comme en biologie par la différenciation de mieux en mieux marquée des parties et par la division de plus en plus grande du travail. Ces analogies ont été confirmées et en quelque sorte complétées par une découverte qu'on peut considérer comme le plus merveilleux peut-être des résultats obtenus depuis un demi-siècle par la zoologie expérimentale. Nous voulons parler de la relation qui unit l'évolution de l'individu à celle de l'espèce, relation si étroite que toute la série des transformations que subit un animal quelconque depuis la cellule embryonnaire jusqu'à son complet développement, reproduit sous une forme abrégée et comme en Miniature la série des transformations analogues parcourues dans le cours des âges par l'espèce à laquelle cet animal appartient. On sait quel parti la paléontologie tire journellement de cette loi. Si l'on cherche à établir la filiation des formes successives revêtues par une espèce depuis son apparition sur la planète, il arrive presque toujours que les fossiles font défaut quand on arrive aux terrains les plus anciens. On fait alors appel à l'embryologie, qui permet de reconstituer par la pensée la nature des formes disparues. Ce principe, appliqué à la race humaine et pris dans son acception la plus large, c'est-à-dire détendant jusqu'à la psychologie, devient le fil conducteur le plus sûr pour l'étude des lois sociologiques. Les diverses manifestations physiques, intellectuelles et morales de l'évolution individuelle se retrouvant sous d'autres noms, mais sous des formes analogues dans la vie des peuples, l'analyse préalable de l'être humain nous permettra, non de construire *a priori* une synthèse historique comme le comprenait l'ancienne philosophie, mais de poser quelques jalons sur la route que parcourent les sociétés dans leur évolution à travers les siècles. Commençons donc par esquisser les traits principaux qui caractérisent les grandes phases de l'existence humaine en prenant l'homme à sa naissance.

Ses premières manifestations sont des vagissements, et chaque vagissement est un appel à la nourrice. Quand il s'éveille, c'est pour jeter son cri de détresse, se cramponner au sein maternel et se rendormir aussitôt, comme pour annoncer que le monde n'est pour lui qu'une mamelle intermittente. On voit que ce petit être est obsédé par un besoin unique, incessant, implacable, celui de la faim. Lui présente-t-on un joujou, il le porte aussitôt à sa bouche, comme si toutes les forces vitales qui l'animent étaient concentrées sur cet organe. Quand le joujou vient à lui manquer, il y porte sa main et suce ses doigts ; ses premiers bégaiements dérivent également de cette obsession famélique ; le mot *maman* rappelle dans ses formes archaïques le sein et l'action de sucer ; le mot *papa* exprime dans certains dialectes ibères l'idée de manger. Pour l'enfant, la mère est la laitière, le père le nourricier. Ses premières pensées, ses premiers pas, ses premiers mouvements sont dictés par le même mobile, il vient à vous dès que vous lui présentez quelque chose qu'il puisse porter à ses lèvres ; on arrête ses pleurs en lui promettant ce qui flatte sa gourmandise. Le meilleur ami est pour lui celui qui lui fait le plus de présents de ce genre.

Ces vagissements faméliques, ce syllabaire dont chaque note est un cri de l'estomac, cette frénésie gloutonne, sont autant de manifestations inconscientes d'un travail physiologique qui s'accomplit dans l'enfant et qu'on pourrait définir ; un appel incessant de matériaux pour la construction de l'édifice humain, La formation de l'individu, tel est le fait dominant qui caractérise cette première période de l'existence. C'est vers ce but suprême que convergent toutes les forces organiques emmagasinées dans le jeune être. Cette loi a pour résultat immédiat ce que Darwin appelle le combat de la vie, c'est-à-dire une lutte incessante de l'homme contre les éléments de la nature ambiante, lutte qui devient, il est vrai, la source des sentiments égoïstes, mais qui constitue la trame première de l'activée humaine, par suite de la civilisation.

A peine la période de formation touche-t-elle à son terme, que des modifications physiologiques d'une nature spéciale, les phénomènes de la puberté, se présentent chez les deux sexes. Tous deux éprouvent une attraction sympathique l'un pour l'autre, le besoin de s'unir. C'est un nouvel instinct qui s'éveille et qui vient prendre place parmi les composantes de la vie humaine. La première résultante est la famille, d'où sortira la tribu chez les races inférieures, la nation chez celles qui sont mieux douées et mieux servies par les circonstances. En effet, supposons une contrée fertile où croissent les céréales, où l'agriculture est largement développée, où l'abondance et la sécurité invitent au bien-être. La mère, n'étant plus dominée par le souci des besoins journaliers, donne plus de soins à l'enfant, le garde plus longtemps avec elle, lui prodigue toutes les caresses de l'amour maternel. Ces caresses répercutées sur le jeune être appellent l'amour filial, qui, s'agrandissant et sortant bientôt du cercle de la famille, développe les sentiments affectifs, les *instincts altruistes*, pour me servir de l'expression de l'école positiviste. Cet *altruisme*, correctif de l'égoïsme, qui est une des fatalités de notre nature, épure l'idée de droit et précise l'idée de devoir. De l'équilibre de ces notions primordiales sortira l'idée de justice, base de toutes es sociétés humaines et un des traits caractéristiques des races nobles.

Cependant l'enfant grandit, arrive à l'adolescence, entre dans l'épanouissement de ses facultés viriles. Il sent alors qu'il n'est que la moitié d'un tout harmonique, et, suivant la belle image de Platon, il se met à la recherche de cette autre moitié dont une divinité jalouse l'avait séparé. Le courant magnétique que nous avons vu entre la mère et l'enfant s'établit de nouveau entre les deux moitiés allégoriques du mythe platonien. Les mystérieuses effluves allant sans cesse de l'une à l'autre parcourent rapidement la gamme des affections humaines et atteignent bientôt cette note suprême qu'on peut définir l'ivresse du cœur. C'est la plante qui, au moment de la floraison, appelle à elle toutes les forces vives de la sève et les concentre pour en faire jaillir les couleurs éclatantes de la corolle et les parfums qui s'en exhalent. Une transformation analogue s'opère dans l'homme, ses yeux ne rencontrent plus dans leurs perspectives que des lignes d'une pureté idéale ; il veut communiquer à tout ce qui l'entoure l'ivresse qu'il respire. Il entame une seconde lutte avec la nature pour la façonner suivant ses rêves, pour répandre sur elle la poésie qui déborde de tout son être. Son habitation devient une élégante résidence dont l'art dicte les proportions. S'il sculpte la pierre, ce n'est plus pour fabriquer des armes grossières, c'est pour élever des statues aux héros ou pour personnifier les gracieuses fictions qui peuplent l'Olympe. Sa langue, devenue sonore, passionnée, réveille la cadence du vers et le rythme de la musique. L'art ennobli par la poésie, telle est la floraison de la jeunesse dans les races nobles, et l'on peut dire que du premier baiser qui retentit sous le ciel de l'Attique sortit le souffle qui devait un jour animer la tête du Jupiter olympien et les marbres du Parthénon.

Reprenons notre analyse. Dans l'évolution de la plante humaine, comme dans celle de la plante végétale, l'épanouissement de la fleur ne dure qu'un instant. A l'adolescence succède l'âge mûr. A mesure qu'il entre dans ce nouveau stade de son existence, l'homme voit s'évanouir les visions poétiques de ses premières années. En même temps se dressent devant lui les obstacles qu'il doit surmonter sur la route qui lui reste à parcourir ; mais, grandi par l'expérience, aiguillonné par les devoirs de la famille, il appelle à lui toutes ses énergies pour soutenir victorieusement le combat de la vie. S'il est secondé par les circonstances locales, dont la première est un certain développement des facultés cérébrales, il raisonne ses méthodes de travail et cherche à les améliorer afin d'obtenir un meilleur rendement. Ainsi amené à interroger et à sonder les forces qu'il veut maîtriser, il entrevoit un ordre admirable dans les phénomènes du temps et de l'espace, et il désire connaître les lois qui régissent l'univers. Pour la troisième fois, il se prend corps à corps avec la nature et recommence une nouvelle lutte plus formidable que les deux précédentes, car il ne s'agit plus de féconder la terre pour la culture, ou de tailler les pierres pour élever des palais. Ce sont les mystères mêmes de la genèse des mondes, la mécanique des forces cosmiques, les secrets de nos destinées qu'il faut arracher au plus impénétrable et au plus muet des sphinx. Cependant, à chaque nouvel effort, à chaque soubresaut de ce duel titanique, se détache un fragment de l'armure du monstre ; de ces fragments coordonnés et réunis en faisceau sortira la science. Tel est le point culminant de la destinée humaine, et la caractéristique par excellence du troisième stade de l'évolution individuelle, celui de l'âge viril. Ajoutons que, si tout individu entre dans la première phase de la vie, un certain nombre seulement arrivent à la seconde, et très peu atteignent la troisième. Il faut en effet un concours assez complexe de circonstances pour favoriser l'éclosion des facultés esthétiques, et les sévères méthodes de l'abstraction scientifique supposant un certain degré de puissance intellectuelle, la science est le privilège d'un petit nombre d'élus.

Si nous étudions l'homme dans sa dernière période, nous observons tout d'abord entre l'être moral et l'être physique une sorte de dualisme que nous retrouverons bientôt sous une autre forme entre l'humanité d'une part, la planète de l'autre. On sait que le mouvement vital résulte d'un double travail de composition et de décomposition organique, le premier puisant dans les aliments et l'air respiratoire les matériaux nécessaires pour la formation des diverses parties du corps ; le second, qui agit en sens inverse, restituant au milieu ambiant les éléments empruntés par le premier. Au début, c'est-à-dire dans l'enfance et l'adolescence, c'est le mouvement de composition qui l'emporte ; les organes, recevant plus de matériaux qu'ils n'en usent, peuvent grandir, se fortifier, atteindre leurs limites normales. Pendant l'âge viril proprement dit, les deux forces se font à peu près équilibre. Dans les années qui suivent, la décomposition, prenant le dessus, démolit pièce à pièce l'édifice élevé pendant la première période. Les organes s'atrophient et diminuent de volume, le sang perd sa plasticité et sa vigueur, la marche de la machine devient chaque jour plus lente et plus pénible. Cependant les facultés intellectuelles et morales ne participent pas d'abord à ce mouvement de recul, elles continuent à mûrir et à se développer comme si l'être moral grandissait aux dépens de l'être physique. On sait que beaucoup de vieillards conservent jusque dans un âge avancé une lucidité d'esprit et une sûreté de jugement remarquables ; mais arrive le moment où le dépérissement des forces physiques a son contre-coup dans la production des phénomènes de l'intelligence. La mémoire devient paresseuse, se trouble et finit par disparaître. Dès lors plus de netteté dans les idées, et les facultés cérébrales s'éteignent avant que la mort, dernier terme de la quatrième phase de la vie, vienne clore le cycle de l'existence. Telle est en quelques mots l'analyse de l'être humain dans les races privilégiées, lorsque aucune cause perturbatrice ne vient entraver son essor ni arrêter, avant l'heure, le cours normal de la vie. Les quatre manières d'être de l'évolution individuelle, enfance, adolescence, âge viril, vieillesse, correspondent à autant de périodes qu'on peut caractériser par la dénomination de formation physique, floraison esthétique, maturité scientifique, décomposition organique. Ces diverses étapes vont nous servir de points de repère dans l'étude de l'évolution ethnique ; les peuples en effet naissent, vivent et meurent comme les individus et présentent les mêmes phases depuis la première enfance jusqu'à l'extrême vieillesse.

Essayons de caractériser chacune de ces périodes. Un peuple naissant n'a, de même que l'individu, qu'un seul objectif, vivre, se développer, grandir. Toutes ses forces vives se concentrent vers ce but suprême. Ses premiers chefs sont des « pasteurs de peuples ; » le sceptre des rois a été d'abord une houlette, et rappelle que leur premier soin doit être de veiller à ce que le troupeau confié à leur garde pâture paisiblement dans le coin de la planète qui lui a été assigné. La vie pastorale, premier état social de la plupart des tribus humaines, cède insensiblement le pas à la vie agricole, la seule qui puisse alimenter une population nombreuse et qui permette de constituer une nation, car la cohésion, nécessaire pour ce grand travail, manque aux hordes nomades. Aux préoccupations des travaux agricoles s'enjoint une autre non moins puissante, celle de la défense. On choisit un chef : c'est le plus courageux, le plus fort, le plus brave au combat. Sous sa conduite, les habitations se groupent sur un point de facile défense ; on l'entoure d'un mut. Ainsi s'organise la cité, première ébauche de la vie politique ; c'est là qu'à l'approche de l'ennemi se retirent les populations des environs avec leurs troupeaux et leurs récoltes. Tout le monde est soldat en même temps que laboureur.

Mais il ne suffit pas, pour faire naître un peuple à la vie politique, de l'organiser contre l'ennemi du dehors, il faut aussi le discipliner contre les perturbations du dedans ; de là les tables de la loi, que l'on voit apparaître à l'aurore de toute civilisation, et qui tracent à chacun les limites où finissent ses droits, où commencent ceux du voisin. Une pénalité est attachée à la transgression de chacune de ces règles ; c'est d'ordinaire la loi du talion, œil pour œil dent pour dent. L'animal humain ne peut entrer dans l'ordre social, s'il ne sent au-dessus de sa tête un châtiment qui menace chacune de ses usurpations : aussi tous les fondateurs d'empires dont l'histoire nous a conservé le nom, Manou, Zoroastre, Moïse, Romulus, etc., furent-ils d'abord des législateurs. Chose digne de remarque, les maximes dont ils s'inspiraient sont les mêmes que celles qu'invoquent les législateurs d'aujourd'hui : l'inviolabilité de la personne humaine, le respect de la propriété. Tu ne tueras point, tu ne commettras point d'adultère, tu ne déroberas point, disaient les tables de la loi que Moïse présenta aux Hébreux comme lui ayant été dictées par Jéhovah lui-même au milieu des éclairs du Sinaï. Si l'on rapproche la simplicité de ces préceptes de la fastidieuse compilation de nos codes modernes, on sera surpris du chemin parcouru. Cela tient moins peut-être aux besoins de la civilisation qu'à la différence des races. Le décalogue de Moïse n'implique que l'idée du devoir, car le Sémite n'est qu'un esclave que Jéhovah commande et châtie. L'Aryen, plus raisonneur, plus pénétré du sentiment de la dignité humaine, s'élève à la notion du droit. Toute la science des législateurs consiste à équilibrer ces deux termes contradictoires. De là en grande partie la prolixité de nos codes.

Le temps nécessaire à l'évolution de cette première phase de la vie des peuples varie avec le génie des races ; il dépend aussi des circonstances locales. Certaines tribus humaines placées au bas de l'échelle semblent moins des agglomérations d'hommes que des hordes zoologiques ignorant quelquefois l'usage du feu et de la pierre ; ce sont des avortements ethniques. D'autres, après avoir franchi les premiers degrés de l'état social, paraissent frappés d'un arrêt de développement et restent dans une éternelle enfance. Tels sont les Indiens du Nouveau-Monde et en général toutes les tribus qui ne connaissent pas l'usage des métaux ; car si le feu et la pierre marquent les premières étapes de l'humanité vers le progrès, le bronze et le fer sont l'élément par excellence de la civilisation et en annoncent le début. Quelquefois les éléments politiques qui constituent une grande nation sommeillent pendant de longs siècles dans une peuplade, attendant qu'une main puissante vienne les mettre en jeu. Les pâtres du Latium erraient peut-être depuis des milliers d'années, inconscients de leurs destinées, lorsque Romulus vint discipliner ces sauvages natures et jeter les fondements de la ville éternelle. La république continua l'œuvre commencée par les rois, et, trois siècles après sa fondation, Rome s'élançait à la conquête du monde.

Dans l'analyse que nous venons de faire des peuples en travail de formation, nous avons réduit notre champ d'étude à ses termes les plus simples. En réalité, le problème devient beaucoup plus complexe dès que, sortant de ses limites premières par son travail même de développement, un peuple vient à se heurter aux nations voisines et pénètre dans leur sphère d'action ; il se produit à ce contact de nouveaux facteurs dont il faut tenir compte, car ils offrent une importance capitale en sociologie. La lutte pour l'existence, qui était la conséquence fatale de la formation de l'individu, prend ici des proportions tellement vastes, et joue un rôle si prépondérant dans l'économie des sociétés, qu'il est nécessaire de s'arrêter quelques instants et de faire appel à la biologie pour lui demander la cause première de cette grande loi, qui domine la nature entière, et les principales conséquences qui en dérivent. Disons tout d'abord qu'elle tire son origine de l'antagonisme qui se produit entre l'exubérance des forces vitales que présente le globe à ce moment de son évolution cosmique et les limites malheureusement si restreintes du champ planétaire. Prise dans son acception la plus large et envisagée dans ses trois grandes manifestations, le règne végétal, le règne animal et le règne humain, la vie nous apparaît comme un vaste champ de bataille qui se déroule à travers les âges sur toute la surface du sphéroïde tellurique, drame immense ayant pour point de départ la prise de possession du sol par l'humble végétal et pour dernier terme les destinées encore inconnues de sociétés futures. On peut résumer en quelques lignes ces envahissements successifs de la planète par les trois grands facteurs de ce drame, la plante, l'animal et l'homme, le premier alimentant le second, tous deux alimentant le dernier, tous, deux faisant pressentir, par l'étude de lois qui limitent leur expansion, celles qui règlent le développement de notre espèce, c'est-à-dire les conditions d'existence des sociétés, base première de l'économie politique. Il suffit en effet, pour se rendre compte de ce triple mouvement organique, de jeter les yeux sur ce qui se passe autour de nous dès que les trois grands principes de la vie, l'eau, l'air et le soleil, ne sont arrêtés par aucun obstacle. Dans nos contrées tempérées, nous sommes témoins chaque année de la fiévreuse activité des forces végétales : aux premières effluves du printemps, la terre se couvre au bout de peu de jours d'un tapis de verdure ; dans les régions équatoriales, quelques heures suffisent. Dans les mers, c'est le groupe immense des algues qui tapissent le fond ou la surface des eaux. Les roches elles-mêmes ne peuvent échapper à la loi commune. Quand elles sont trop sèches ou trop dures pour que les mousses y prennent racine, elles sont envahies par les lichens, qui s'y cramponnent de leurs griffes foliacées. On peut dire que la vie suinte de tous les pores de la planète, et en voyant la végétation ruisseler de toutes parts, on conclut que le premier caractère des forces vitales est une expansion irrésistible, une sorte de furie végétale qui ne s'arrête que lorsqu'elle envahit la surface du globe.

Mais ce n'est là que le premier acte du drame. Dès que l'espace manque à cette expansion des forces végétales, elles se replient sur elles-mêmes, c'est-à-dire sur la plante, et alors commence dans le monde souterrain des racines la lutte la plus acharnée qui ait jamais eu lieu entre les éléments de la nature. Chaque pouce de terrain est disputé par une foule de combattants invisibles qui se pressent, s'affament, se dévorent, car chacun d'eux sent que c'est son existence même qui est en jeu. Dans la dynamique vitale, comme dans la dynamique physique, dont elle n'est qu'une simple application, le plus fort finit toujours par avoir raison du plus faible. *Vœ parvis !* Les végétaux à texture délicate sont supplantés par des espèces plus vigoureuses, tandis que celles-ci disparaissent à leur tour devant d'autres espèces encore plus robustes. A peine le lichen a-t-il effrité la surface du rocher qu'il recouvre et concentré un peu d'humidité dans ce premier sous-sol, qu'il est envahi par les mousses. Celles-ci s'avancent en colonnes serrées, et après avoir formé une première couche d'humus de leurs débris, cèdent la place aux plantes herbacées. L'herbe, « cette chevelure de la terre, » suivant la poétique expression des vieilles légendes Scandinaves, disparaît devant les plantes ligneuses. Celles-ci se montrent dès que la terre végétale est assez épaisse pour soutenir les racines et assez riche pour les alimenter. Un combat d'un nouveau genre s'engage alors entre ces dernières espèces : ce ne sont plus seulement les racines qui se disputent le sol, ce sont les branches et le feuillage qui se dérobent l'air et la lumière. Nous trouvons là un second caractère du monde végétal, caractère qui dérive comme conséquence nécessaire du premier, et que nous avons déjà défini la lutte pour l'existence. »

Passons aux animaux. La puissance prolifique des animaux, par suite leur expansion indéfinie à la surface du globe, n'est pas moins grande que celle des végétaux. Si les continents semblent appartenir avant tout à ces derniers, la mer est le domaine privilégié des premiers, comme pour rappeler que c'est de ce mystérieux laboratoire que sont sortis les premiers germes de tous les êtres vivants. Il suffit de mentionner ces migrations périodiques de poissons qui défilent chaque année en légions innombrables sur une étendue de plusieurs lieues, ou mieux encore, ces immenses débris de coquillages qui tapissent le fond des océans, et que les flots rejettent chaque jour sur le rivage. Même sur les continents, il est des contrées où le fourmillement de la vie atteint des proportions si extraordinaires qu'il est souvent difficile de dire lequel, du végétal ou de l'animal, l'emporte dans la balance des forces organiques. Telles sont les vallées chaudes et humides arrosées par les grands cours d'eau de la zone torride. Le nombre des espèces diminue à mesure que l'on remonte vers les pôles ou vers le sommet des hautes montagnes ; mais la vie ne cesse de se manifester, même dans les contrées les plus déshéritées, là où la nature ne présente qu'un manteau de neige ou la roche stérile. Il n'est pas un brin d'herbe qui n'abrite un insecte, de fruit qui n'attire un rongeur, d'écorce d'arbre qui ne soit hantée par. quelque tribu de parasites. Si vous n'apercevez rien au premier coup d'œil, approchez un verre grossissant, vous distinguerez bientôt une population d'animaux microscopiques. Cette effroyable pullulation d'espèces se coudoyant, se heurtant chaque jour jour se disputer la pâture, doit amener des luttes, luttes tragiques cette fois, car il s'agit non plus de combats invisibles livrés sans bruit dans les régions souterraines des racines, mais des destructions violentes accomplies au grand jour, ayant pour prélude les cris de douleur de la victime, et pour dernier acte les palpitations des chairs sanglantes. On peut comparer la surface des continents ainsi que la profondeur des mers à un immense champ de carnage où la moitié des êtres vivants sert de proie à l'autre moitié. Ces guerres zoologiques se succèdent suivant un certain ordre rythmique ; chaque espèce vivant aux dépens d'animaux plus faibles et servant à son tour d'alimentation à d'autres espèces plus fortes ou mieux armées. La fourmi qui chasse le puceron est traquée par une foule d'ennemis qui deviennent la proie des petits carnassiers. Ceux-ci sont poursuivis par le loup, le chien, le renard ; ces derniers tombent sous la dent du tigre. Le tigre succombe à la morsure du serpent, et est aussitôt dépecé par des myriades d'animalcules qui recommencent l'éternel cycle des destructions. Nous pouvons donc appliquer au monde animal les deux grandes lois qui caractérisent le monde végétal : expansion indéfinie des espèces à la surface du globe, et comme conséquence inévitable, guerre entre elles, en d'autres termes, « lutte pour l'existence. »

Arrivons enfin à l'homme. L'homme, n'étant que la cime terminale du grand arbre de la vie, doit présenter quelques-uns des caractères des principales branches. Certains avantages inhérents à notre espèce lui ont facilité d'une façon singulière son libre développement à la surface du globe. Nous voulons parler des armes, qui, tout en écartant le danger des bêtes féroces, procurent par la chasse un aliment des plus précieux, des vêtements et du feu, dont l'usage permet de résister aux rigueurs des régions froides, du navire, qui relie les continents, de la facilité avec laquelle nous nous faisons à la nourriture du pays que nous habitons, que cette nourriture soit végétale ou animale, continentale ou maritime. Aussi, tandis que la plupart des tribus zoologiques sont confinées dans certaines zones terrestres, on rencontre l'homme groupé en peuplades sous toutes les latitudes.

Ces peuplades, se multipliant et s'étendant sans cesse, finissent par se heurter, et les guerres zoologiques que nous avons vues s'élever entre les espèces animales se continuent dès ce moment entre les diverses fractions de la famille humaine. La solidarité qui doit un jour relier tous les peuples dans une action commune est un mot nouveau, et le fruit de longs siècles de civilisation. Tour le sauvage, tout étranger est un ennemi qu'il doit exterminer dans l'intérêt de sa propre sécurité. Dans beaucoup de langues primitives, les peuples voisins sont désignés par ces mots : « les ennemis. » On sait d'ailleurs que les premiers vestiges de l'humanité sont des armes, que les récits des anciens peuples commencent toujours par des scènes de meurtres ou de combats, que les villes étaient des forteresses invariablement bâties comme des repaires de vautours sur les hauteurs les plus inaccessibles. Les prétextes de collision sont toujours les mêmes : empiétement sur les pâturages, vol de bestiaux, enlèvement de femmes, vengeance, plus tard ambition de princes, soif de conquêtes ou de pillages, agrandissement de territoire, etc. De nos jours encore, nous voyons les nations les plus civilisées se ruer sur leurs voisins, sous prétexte de revendication de frontières, et ramener tous les épouvantements des temps barbares. Nous retrouvons ainsi dans la formation des sociétés cette grande loi darwinienne qui domine la nature vivante toute entière. Le crime entre les hommes, la guerre entre les peuples, tel est donc le double boulet que l'humanité serait éternellement condamnée à traîner avec elle, si les idées morales de solidarité et de justice, qui forment la caractéristique par excellence de notre espèce, ne venaient faire contre-poids aux instincts de l'animalité, et tracer une ligne de séparation infranchissable entre l'homme et le reste du monde organique.

Section II

La notion morale de justice entre les individus, de solidarité entre les peuples, n'entrant que tard et lentement dans la conscience humaine, les annales des premiers âges rappellent presque toujours des scènes de destruction, qu'on ne peut comparer qu'aux rencontres de certaines espèces animales se disputant le sol. Deux faits ayant la valeur de lois historiques se dégagent cependant de cette confuse mêlée de races. Le premier fait est la marche envahissante de nations à qui le développement des facultés cérébrales assure la victoire sur les autres tribus ; le second est la direction constante suivie par le courant humain. Dès avant l'aube des temps historiques, nous voyons les Aryas s'élancer des hauts plateaux de l'Asie centrale et se diviser en deux groupes pour marcher à la conquête du globe. Le premier, tournant vers l'est, descendit d'abord dans les riches vallées de l'Inde, exterminant les populations indigènes, les Dasyus des hymnes védiques ; puis, côtoyant la race mongolique, trop forte pour se laisser entamer, il envoya des rameaux jusque dans les grandes îles qui forment le prolongement de l'extrémité orientale de l'Asie, et ne s'arrêta que devant l'immensité du grand océan. Le deuxième groupe, se dirigeant vers l'ouest, envahit l'Europe étape par étape, refoulant toutes les peuplades qu'il rencontrait sur sa route. L'avant-garde de cette migration, qui dura probablement de longs siècles, était formée par les Ibères, dont on retrouve les traces depuis le Caucase jusqu'aux colonnes d'Hercule. Là les Ibères attendirent plus de trente siècles que la boussole, maniée par un navigateur de génie, leur permît de reprendre le chemin de l'ouest. Cet homme parut enfin, et dans les dernières années du XVe siècle Christophe Colomb, s'élançant vers cette mer inconnue, tenta de rejoindre les Aryas de l'est. Arrêté par le continent américain, il ne put qu'indiquer la route à ses successeurs, et quelques années après, les compagnons de Magellan, pénétrant dans le Pacifique, retrouvèrent dans les grandes îles qui avoisinent l'Asie leurs frères de l'est, après plusieurs milliers d'années de séparation. Depuis cette époque, la marche des Aryas vers l'ouest s'est continuée ; aujourd'hui encore, des légions d'émigrants quittent chaque année le sol appauvri de la vieille Europe, pour aller demander l'existence aux terres fécondes du Nouveau-Monde.

De ce grand courant humain marchant toujours vers l'ouest et embrassant la circonférence du globe, dérivent des courants secondaires offrant tous la même direction, celle du pôle à l'équateur. Cela s'explique sans peine : si nous comparons les peuplades du nord avec celles du midi, nous voyons d'un côté des populations énergiques faites à la fatigue, se trouvant à l'étroit sur un sol ingrat et sous un ciel inclément, de l'autre des nations énervées par la douceur du climat, vivant presque sans travail, tant la terre est fertile. Dès lors, par une sorte d'équilibre, le trop plein des populations septentrionales se déverse en avalanches périodiques dans les riches plaines du sud. L'histoire de l'Occident n'est, à vrai dire, que le récit de ces débordements ethniques, recouvrant de leurs alluvions les peuples du midi, et des efforts tentés par ceux-ci pour opposer des digues aux flots envahisseurs. La vaste et sombre Germanie, appelée par Jornandès le grand laboratoire des nations, *magna officina gentium*, est la terre-mère des fourmillements humains. Des premières hordes kymriques jusqu'à nos jours, presque tous les grands ébranlements qui ont agité l'Europe ont eu pour point de départ la puissance prolifique de la race teutonique et l'insuffisance du sol à la nourrir. Par contre, l'histoire n'a enregistré que des désastres, toutes les fois que le courant humain a essayé de remonter vers les pôles. Les annales des peuples, depuis Sésostris jusqu'à Napoléon Ier, démontrent ce fait, on pourrait dire ce contresens historique à chacune de leurs pages. Lorsqu'un peuple s'est constitué, c'est-à-dire lorsqu'il s'est assuré par une bonne organisation les conditions de son existence et qu'il se sent assez fort pour résister aux agressions du dehors, il entre dans une nouvelle phase qu'on peut appeler son adolescence. Nous avons vu que l'adolescence de l'homme est marquée par l'épanouissement de ses facultés esthétiques. Il en est de même chez les nations. Leur jeunesse se révèle par une exubérance de sève qui a produit dans le domaine de l'art les monuments dont les débris commandent notre admiration et sont encore nos plus précieux modèles. Il est en effet à remarquer que c'est pour ainsi dire du premier jet que sont sorties les plus belles productions de l'esprit humain, et que plus on remonte dans la série des âges, plus ces productions fixent l'attention par leur incomparable grandeur. Presque tous les peuples de l'Occident ont voulu célébrer dans un poème épique les hauts faits de leurs héros, et de tous ces essais, il n'en est qu'un qui soit resté debout : c'est le plus ancien, l'*Iliade*. Aucun des édifices élevés aux beaux jours de la Grèce ne rappelle la hardiesse et les proportions colossales des temples qui surgirent au début de la civilisation hellénique, et dont les ruines étonnent le voyageur qui visite les nécropoles de la Sicile, de la Grande-Grèce, du Péloponèse et de l'Ionie.

Cette vigueur de conception, cette exubérance plastique, qui caractérise la jeunesse des peuples, est une conséquence naturelle de l'immense déploiement de forces qui a lieu dans la période précédente ; à ce moment, toutes les énergies s'éveillent, se concentrent vers un but unique, le droit de vivre, de conquérir une place au soleil. C'est la lutte de l'existence appliquée à une nation tout entière. Ce but atteint, ces énergies se tournent vers une autre direction ; lancées en avant par la vitesse acquise, elles arrivent d'un bond aux proportions les plus hautes. C'est une transformation de forces analogue à ce que l'on voit tous les jours en mécanique, ainsi que dans le monde vivant, où le végétal, dès qu'il a acquis un certain développement, laisse la sève s'épanouir en fleurs et en parfums. Nous avons vu les mêmes phénomènes se produire chez l'homme lorsqu'il atteint l'âge de la puberté ; de même que la plante végétale et la plante humaine, la plante ethnique ne peut produire sa floraison que lorsqu'elle a pris un certain degré de consistance et de volume. Il faut d'ailleurs un passé historique pour que la légende ait le temps d'ennoblir les héros des premiers âges, car c'est de ces figures agrandies par l'éloignement que la poésie, la statuaire, la peinture, tireront leurs inspirations et leurs modèles. D'autre part, on sait que la culture dès beaux-arts suppose une société arrivée à un certain degré d'organisation et de bien-être. Un sauvage de l'époque préhistorique peut ébaucher dans un bois de renne l'esquisse d'un mammouth ou d'un ours des cavernes, mais un monument digne de passer à la postérité ne peut être élevé que par une cité puissante et riche. Or toute richesse suppose une accumulation de travail, c'est-à-dire le labeur séculaire des générations.

Est-il besoin de dire que la floraison esthétique d'un peuple dépend autant des influences du milieu ambiant que du génie de la race ? Un sol plat, ne renfermant ni la pierre ni le métal, se prête peu à l'épanouissement de l'art. L'architecture et la sculpture y sont impossibles, la poésie et la peinture chercheraient en vain des inspirations sous un ciel sans caractère, n'offrant d'autres lignes qu'un horizon sans perspectives. La zone torride et les régions boréales ne sont guère plus propices ; l'intelligence s'y atrophie, ici par la rigueur du froid, là par un climat énervant. L'activité cérébrale ne peut mettre en jeu toutes ses énergies qu'à la condition d'avoir pour théâtre un pays dont le climat tempéré stimule l'homme au lieu de l'énerver, dont les montagnes soient riches en carrières de pierre et en minerai de fer, dont le ciel présente un certain caractère de grandeur. C'est aux marbres de Paros et de Carrare que la Grèce et l'Italie doivent en partie les merveilles de leur statuaire, et n'est-ce pas des splendeurs magnifiques de leur ciel que la poésie et la peinture tirent la pureté de leurs lignes et la richesse de leur coloris ?

Des influences d'un autre ordre peuvent arrêter ou retarder l'éclosion des arts plastiques. L'Hindou, porté par le climat à l'extase, perd dans la contemplation incessante de l'infini le sentiment du nombre, de la mesure, qui est l'essence de l'art. Ses temples sont des hypogées où règne la terreur, ses statues des idoles monstrueuses, ses poèmes le récit interminable de ses visions panthéistiques. Son imagination, toute entière aux fantômes qui l'obsèdent, n'a pu jusqu'ici donner l'essor aux facultés esthétiques. Le même phénomène s'est produit dans l'Italie ancienne, mais pour des causes inverses. La Rome des consuls ne connut les beaux-arts que par les emprunts faits à la Grèce. Les esprits, uniquement tournés vers les armes, dédaignaient de pratiquer les arts de la paix et laissaient ces soins aux esclaves et aux vaincus de l'Achaïe ; mais lorsque dans les temps modernes l'Italie, redevenue maîtresse de ses destinées, put donner libre essor à son génie, elle obtint rapidement dans le domaine de l'art la gloire qu'elle s'était acquise dans la carrière des armes, et devint pour l'Europe ce que la Grèce fut autrefois pour elle, la terre classique des beaux-arts.

Inutile d'ajouter que, parmi les influences qui peuvent favoriser le développement de l'instinct du beau, les aptitudes de la race tiennent le premier rang. Si la Grèce a parcouru le cycle esthétique tout entier avec un éclat qu'aucun autre peuple n'a jamais égalé, elle le doit surtout au génie de ses habitants. Le sentiment du beau était si naturel à cette race qu'il se manifeste dès l'âge de pierre, comme le témoignent les instruments en silex trouvés dans les fouilles de l'Attique, et qui font partie de la collection préhistorique du Collège de France. On aperçoit dans la plupart des échantillons une certaine élégance de forme et d'exécution qui révèle un peuple artiste et qu'on ne retrouve dans aucun autre pays sur les objets de la même époque. Aussi la Grèce jeta-t-elle un éclat incomparable jusqu'au jour où un vainqueur brutal, dépouillant les muses helléniques de leur indépendance, fit tarir la poésie qui jaillissait de leurs lèvres et évanouir les grâces de leur sourire. Quelque grand que soit le génie d'un peuple, il devient muet dès qu'il ne sent plus le souffle de ce moteur magique, la liberté.

Après la jeunesse, l'âge mûr. De même que l'effervescence poétique de l'adolescence fait place avec les années à la réflexion, de même la phase esthétique des peuples est suivie dans le cours des siècles de ce qu'on peut appeler la phase scientifique. Cette dernière étape, qui marque le point culminant de l'évolution ethnique, ne s'est révélée jusqu'ici que par des manifestations individuelles plutôt que collectives, et semblent le privilège de quelques familles du groupe aryen. Les causes qui ont rendu ces manifestations si tardives et si restreintes méritent d'être passées en revue. Pour mieux nous faire comprendre, reprenons notre terme de comparaison, la plante. On sait que l'évolution d'un végétal peut se ramener à trois termes : formation des tissus, floraison, fructification ; mais ces termes, loin d'être égaux dans leur développement, se présentent comme les échelons d'une série décroissante. Tandis en effet que la sève toute entière concourt à la formation du tronc, des branches et du feuillage, une partie seulement se porte vers les fleurs, et ce n'est qu'une fraction de cette dernière qui arrive aux fruits. De même l'évolution de la sève ethnique peut se ramener à trois termes, correspondant à la triple éclosion politique, esthétique et scientifique, et qui dérivent aussi l'un de l'autre suivant une progression décroissante. Nous avons démontré que c'est des éléments politiques d'une nation que les lettres et les beaux-arts tirent leur racine, et c'est la pratique raisonnée de l'art qui est le premier moteur des études scientifiques. Il est enfin aisé de voir que, si toutes les forces vives d'un pays concourent à la chose publique, une partie seulement se détourne du courant commun pour entrer dans le domaine de l'art, et que très peu de ces forces ont reçu une impulsion assez vive pour fournir une nouvelle étape et vaincre tous les obstacles semés sur la route de la science. La science est le fruit de l'arbre humain, et les causes qui empêchent ce fruit d'arriver à maturité ne sont pas moins nombreuses que celles qui entravent la fructification de la plante. On devine sans peine que ces causes tiennent à la fois aux circonstances locales et aux aptitudes des races. Ainsi l'astronomie, dont l'étude se présente en quelque sorte d'elle-même sous le ciel toujours pur de l'Égypte, eût pu difficilement éclore dans certaines régions montueuses de l'Europe, où les astres, généralement voilés par la brume, sont souvent interceptés par les nuages. Par contre la géologie, qui a pris naissance dans les Alpes et dans les autres montagnes déchirées par la main de l'homme ou par les convulsions de la nature, n'aurait jamais été soupçonnée dans la vallée du Nil, uniquement formée des alluvions du fleuve.

Souvent le cycle scientifique est interrompu dans sa marche par les guerres, les conquêtes, les révolutions ; plus souvent encore cette marche est retardée par le *veto* de convenances politiques ou religieuses. Un trop grand développement donné aux arts peut étouffer l'essor scientifique : témoin la Grèce, qui, après avoir brillé d'un éclat incomparable dans le domaine de l'art, s'est arrêtée, dans le domaine de la science, aux éléments d'Euclide. C'est principalement dans le degré d'énergie cérébrale, je veux dire dans les aptitudes de la race, qu'il faut chercher le levier du mouvement scientifique. L'étude comparée des langues montre que la science a pour véhicule les idiomes précis, mesurés du Nord. L'histoire du progrès de l'esprit humain vient confirmer ces conclusions tirées de la linguistique, car la plupart des grandes découvertes nous viennent des diverses contrées de l'Europe centrale ou septentrionale. Une des plus instructives que l'on puisse citer est celle qui se rapporte aux origines du calcul différentiel. Dans la seconde moitié du XVIIe siècle vivaient deux éminents géomètres, Newton en Angleterre, Leibniz en Allemagne. Tous deux, appliquant la méthode algébrique de Descartes au problème des tangentes, aperçurent une voie analytique nouvelle, s'y élancèrent résolument et jetèrent les fondements de l'analyse infinitésimale, le plus puissant instrument qui ait été révélé au génie de l'homme dans le domaine des sciences pures. Quelques années auparavant, un mathématicien de Toulouse, Fermat, appliquant le même calcul au même problème, avait entrevu de son côté une voie nouvelle, mais ne songea nullement à y entrer et laissa ainsi échapper de ses mains la gloire de cette découverte. La plupart des grands noms scientifiques dont s'honore la France appartiennent à nos provinces septentrionales. Les langues sonores du Midi se prêtent mal à la précision des méthodes analytiques. C'est en vain qu'on chercherait une grande figure scientifique parmi les noms illustres de l'Espagne, qui était, il y a trois siècles, la première nation du monde et dont la littérature inspira longtemps la nôtre.

Comment expliquer l'inégal développement que présente l'esprit scientifique dans la France du nord et dans la France du midi ? Les caractères tirés de la diversité des races ne suffisent pas pour rendre compte de ce fait, car les différentes tribus qui peuplèrent la Gaule ont été par le travail des siècles mélangées et fondues en un tout homogène qui constitue la nation française. Ici encore c'est au mouvement accompli dans les sciences naturelles pendant ces dernières années que nous devons le mot de l'énigme. Reportons-nous en effet au commencement du XIIIe siècle, au moment où l'esprit d'examen, se réveillant dans le midi de la France, venait de produire l'hérésie des Albigeois. La mode était alors aux croisades. Après en avoir prêché une contre les infidèles, le pape Innocent III en prêcha une seconde contre les hérétiques et chargea un de ses légats de suivre les croisés pour les empêcher de faillir à leur besogne. On sait qu'ils la menèrent si bien, qu'à Béziers, se trouvant embarrassés pour distinguer les orthodoxes des excommuniés, ils massacrèrent tout, laissant à Dieu, d'après les conseils du légat, le soin de reconnaître les siens. L'inquisition, établie vers la même époque, fut chargée de compléter l'œuvre en étouffant dès sa naissance tout germe d'hérésie nouvelle. Si on se rappelle que c'était la partie éclairée de la population qui discutait les dogmes, on verra qu'une telle extermination réalisait, d'après une expression empruntée à la terminologie darwinienne, une véritable sélection anti-intellectuelle.

Au XVIe siècle, la réforme fut une nouvelle application du principe sélectif, car c'étaient encore les classes lettrées qui se trouvaient à la tête du mouvement, et ce fut surtout le midi de la France qui eut à souffrir. Dans la seule ville de Toulouse, près de quatre mille protestants, appartenant pour la plupart à l'élite de la population, furent massacrés, comme le témoignait un jubilé séculaire aboli il y a une dizaine d'années. La Saint-Barthélémy, et plus tard l'émigration amenée par la révocation de l'édit de Nantes, furent des sélections appliquées sur une plus grande échelle. En Espagne, l'œuvre d'épuration fut encore plus complète. Après avoir expulsé les Juifs et les Maures, l'inquisition mura si bien les portes de la Péninsule que la réforme ne put y pénétrer, le *quemadero* arrêtant court l'hérésie avant qu'elle eût le temps de se produire. Ainsi s'explique la progression décroissante qu'on observe dans la marche de l'esprit scientifique, des bords du Rhin aux bords de l'Èbre. La science, qui dans la France du nord occupe le rang qui lui appartient, s'affaiblit visiblement dans le midi, et semble s'évanouir dès qu'on franchit les Pyrénées. Presque tous les traités scientifiques que j'ai rencontrés en Espagne, en Portugal, ainsi que dans les colonies espagnoles et portugaises de l'Amérique du Sud, étaient des traductions d'ouvrages étrangers. Fille de la discussion et de l'examen, la science ne pouvait prendre racine dans un pays fermé à la libre expansion de l'idée. Ajoutons que, bien que l'inquisition ne soit plus aujourd'hui qu'un souvenir, nous n'avons pas encore complètement échappé à ses étreintes, ni à la sélection antiscientifique qui en est le corollaire immédiat. Nos préjugés, nos traditions, nos habitudes, nous imposent une sorte de science officielle hors de laquelle il est dangereux de s'aventurer ; de là les conséquences les plus fâcheuses pour le mouvement intellectuel de la nation. Nous n'en citerons qu'un exemple, mais qui est assez frappant. Dans la première moitié du dernier siècle, un savant explorateur, Benoît de Maillet, plus connu sous l'anagramme *Telliamed*, fit paraître sous ce titre : *Entretien d'un philosophe indien avec un missionnaire français*, un livre où il exposait l'origine océanique des espèces animales et leurs transformations successives. On le crut fou. Lamarck n'eut pas plus de succès lorsqu'il publia en 1809 la *Philosophie zoologique*, Hæckel fait à ce sujet une remarque digne d'être notée. Cuvier qui, dans son rapport sur les progrès des sciences naturelles, cite les brochures les plus insignifiantes, ne juge pas à propos de mentionner l'ouvrage de Lamarck. Un seul savant, Geoffroy Saint-Hilaire, se hasarda à défendre les idées du philosophe naturaliste, et sa voix resta sans écho. La sélection latente, amenée par les rigueurs de la science officielle, ne tarda pas à porter ses fruits, et lorsqu'en 1859 deux éminents naturalistes anglais, Wallace et Darwin, produisirent, surtout le dernier, sur la théorie de la descendance, une quantité si prodigieuse de. faits, un tel choix de preuves, que tous les esprits dégagés de préjugés furent obligés d'examiner sérieusement la nouvelle doctrine, la France resta muette, et c'est de l'étranger que nous sont venus jusqu'ici les traités publiés sur cette grande question.

A quelle époque convient-il de faire remonter les premiers préludes de la science ? Nous estimons qu'on peut fixer cette date vers la première moitié du XVIe siècle, lorsque parut le livre du Polonais Copernic sur les *Révolutions des corps célestes* et que les mathématiques commencèrent à prendre leur essor. L'avènement de l'esprit scientifique était impossible aux âges précédents, car les ténèbres qui enveloppèrent l'Europe pendant la longue nuit du moyen âge ne purent être dissipées que par un concours de circonstances qui ne se réalisa qu'alors. La première fut l'arrivée des savants grecs qui, fuyant les Turcs, maîtres de Constantinople (1453), vinrent chercher un asile dans l'Occident et apportèrent les trésors des connaissances de l'antiquité, d'où devait bientôt sortir la renaissance des lettres et des arts. La seconde, qui eut lieu vers la même époque, fut l'apparition de l'imprimerie, c'est-à-dire le véhicule de la pensée humaine sans lequel la renaissance eût été impossible. Bientôt après, familiarisée avec la nouvelle langue inaugurée par Descartes, l'école newtonienne annonçait par ses brillantes découvertes que la science allait faire son entrée dans le monde. Ce mouvement, interrompu par l'ébranlement qu'occasionna dans toute l'Europe le contre-coup de la révolution française, a été bientôt repris avec une énergie nouvelle, grâce au rapprochement des peuples amené par la vapeur, l'électricité et la presse. N'exagérons toutefois ni la vitesse ni l'amplitude de ce mouvement. La science est restée jusqu'ici le privilège de quelques intelligences d'élite. Les classes lettrées ne la connaissent que de nom, leur éducation étant presque exclusivement littéraire. D'ailleurs on peut dire que la plupart des sciences d'observation ne sont pas encore sorties de leur période embryonnaire. Aussi n'avons-nous presque rien fait jusqu'ici pour la domestication des forces de la nature qui doivent devenir nos auxiliaires pour le « combat de la vie. » La plus puissante de toutes, l'électricité, est encore pour nous un Protée insaisissable. A l'exception du canal de Suez, de quelques voies ferrées et des télégraphes sous-marins, nous n'avons commencé aucun des grands travaux d'aménagement de la planète.

Il reste à dire quelques mots sur la dernière phase de la vie des peuples qui, de même que les individus, vieillissent et s'éteignent lorsqu'ils ont accompli les diverses stades de leur évolution. Les invasions, les guerres, les révolutions, les perturbations géologiques, avancent souvent ce terme, de même que les maladies, les accidents, les diverses causes de destruction hâtent la fin des individus. Certaines peuplades meurent sans laisser de traces. Tels sont les Indiens du Nouveau-Monde, qui disparaissent devant l'arrivée de races supérieures. C'est l'arbre demeuré stérile, l'homme qui meurt sans postérité. D'ordinaire un peuple qui s'éteint laisse derrière lui un peuple plus jeune qui recommence le cycle des évolutions ethniques ; le nouveau peuple, mieux armé que celui qui l'a précédé pour la lutte de l'existence, doit fournir une carrière plus vaste, plus brillante. C'est le fils qui, héritant de l'expérience du père ainsi que du travail accumulé par ce dernier, commence le combat de la vie dans des conditions moins malheureuses que ses aïeux. Quant au peuple éteint, il laisse, comme monument de son passage, son idiome, qui devient langue morte. Les langues mortes marquent dans une même race les générations ethniques qui se sont succédé dans la série des, âges, de même que les zones concentriques du bois indiquent le nombre d'années que l'arbre a vécu. Le véda, le sanscrit, le pracrit, correspondent à autant d'étapes parcourues par l'arya de l'Inde pour devenir l'indou d'aujourd'hui, La civilisation se reflétant dans le langage, les langues mortes révèlent aux philologues les côtés les plus saillants de la vie des sociétés. Le véda nous montre un peuple enfant tout entier à ses occupations pastorales et agricoles ; dans le sanscrit, qui lui a succédé, nous voyons non plus une tribu de pasteurs, mais une nation qui se forme, qui a conscience de ses destinées. Une riche littérature indique une ère de prospérité, de grandeur, une langue pauvre nous dit que le peuple qui l'a parlée a été arrêté dans son essor par quelques événements inattendus. Telles les zones ligneuses de l'arbre accusent une saison favorable lorsqu'elles s'étalent en couches épaisses, tandis qu'elles s'amincissent quand un long hiver a retardé la marche de la sève. Nous ne nous étendrons pas davantage sur ces analogies, et nous passerons à l'examen d'une autre question qui se présente comme le complément naturel de l'étude de l'évolution des peuples : nous voulons parler de l'évolution de l'humanité, envisagée dans son ensemble et dans ses rapports avec le globe qui la nourrit.

Section III

L'humanité peut être comparée à un immense polypier dont les ramifications, correspondant aux diverses races, s'étendent sans cesse, dans l'océan des âges. Les faits révélés par l'étude des principales branches de cet arbre ethnique sont-ils assez nombreux pour permettre le tracé de la courbe des destinées humaines ? Nous allons essayer de répondre à cette question, moins pour la résoudre, car nous sommes loin de posséder toutes les données que réclame la mise en équation du problème, que pour montrer combien les procédés d'investigation des sociologues d'aujourd'hui diffèrent des méthodes suivies par les sociologues d'autrefois. A travers la diversité des points de vue et la divergence des écoles, ces derniers offraient pour premier trait commun de poser *a priori* les prémisses d'où ils tiraient leurs déductions, et pour second, de voir dans l'homme moins une réalité organique qu'une abstraction métaphysique, rappelant plutôt les nuages qui planent dans l'atmosphère que l'être vivant dont le sol est le premier point d'appui. Leurs conclusions variaient autant que leurs prémisses ; mais que leur point de départ fût l'homme providentiel de Bossuet ou l'homme-triangle de Spinoza, le problème des destinées s'adressait à une race complètement différente de la nôtre, race qui aurait hérité de toutes nos grandeurs et qui se trouverait exempte de nos faiblesses, je veux dire de nos nécessités ambiantes. Tout autre est la voie suivie par les philosophes naturalistes, tout autres sont aussi les résultats. Après avoir réservé la part qui revient à la psychologie, ils considèrent d'abord l'homme-organe, sans lequel l'homme-intelligence n'est plus qu'une fluidité insaisissable. Comme la connaissance des êtres vivants suppose l'étude préalable du milieu qui les alimente, c'est dans l'examen du champ planétaire, dans la nature et l'étendue de ses diverses parties qu'ils cherchent les conditions premières de l'existence des peuples et les limites fixées au développement des races. Établir le rapport normal qui doit exister entre la population et la surface, ainsi que la puissance productrice du globe, telle est la première question qui se présente.

La superficie du globe peut être évaluée en chiffre rond à 51 milliards d'hectares, qu'on réduit généralement à 14 milliards pour ne mettre en ligne de compte que les terres émergées. Dans les pays fertiles et bien cultivés, en Belgique par exemple, la terre peut nourrir deux habitants par hectare. Si nous réduisons ce chiffre de moitié pour tenir compte des terrains médiocres ou impropres à la culture, on trouve que les îles et les continents peuvent suffire à l'alimentation de 14 milliards d'individus. La population du globe étant estimée, d'après les calculs des géographes les plus autorisés, à 1 milliard 400 millions d'habitants, on arrive à cette conclusion que les neuf dixièmes de la planète sont encore en friche, ou, pour parler plus exactement, que la race humaine, condensée dans certaines contrées jusqu'au point de s'affamer, abandonne la plus grande partie du sol planétaire aux diverses espèces zoologiques.

Comment expliquer une telle anomalie, si ce n'est par l'ignorance des lois économiques dont une des plus anciennement constatées est l'émigration ? Nous avons vu les tribus aryennes obéissant à cette loi dès leur apparition sur la scène du monde. Chez certaines nations policées, on rencontre cette même loi élevée à la hauteur d'une institution nationale, car elle se présente non-seulement comme le dérivatif naturel de l'excès de la population, mais elle a encore le double avantage d'être un élément de prospérité pour la métropole et un des plus puissants véhicules de la civilisation. Dès les premiers siècles de leur histoire, nous voyons les Hellènes couvrir de colonies les côtes de la Grande-Grèce, de la Sicile, de la Gaule et de l'Espagne. Vers l'an 600 avant notre ère, le sénat de Carthage chargeait un de ses amiraux, Hannon, d'aller fonder des établissements sur les côtes de l'Afrique occidentale à la tête de soixante navires portant 30,000 émigrants. Rome, qui ne suivit que timidement ces exemples, eut à soutenir la guerre des esclaves et la guerre sociale. Au XVe et au XVIe siècles, la boussole permit aux Portugais et aux Espagnols de reprendre l'émigration sur une plus grande échelle. Les premiers laissèrent une traînée de colonies depuis les côtes de l'Afrique septentrionale jusqu'aux extrémités de l'Asie orientale et aux archipels de la Mer du Sud, tandis que les seconds peuplèrent le Nouveau-Monde. Aujourd'hui c'est l'Allemagne, l'Irlande, l'Angleterre, qui continuent l'œuvre commencée il y a quatre siècles par le Portugal. Chaque année, le trop plein de la population germanique et des îles britanniques s'écoule partie vers les prairies du *far-west*, partie vers les *pampas* du sud. Le sol pouvant dès lors suffire à ses habitants, la vie n'est plus une lutte sociale ; l'homme du peuple, trouvant dans le travail les conditions normales de l'existence, devient un élément d'ordre et de prospérité au lieu d'être un élément perturbateur, et le pays n'a pas à redouter ces explosions fiévreuses qui mettent la société en péril et dont la France, par son oubli des lois économiques, a été naguère encore le sanglant théâtre. Le plus sûr moyen de prévenir les perturbations sociales, qu'on pourrait définir les débordements du prolétariat, c'est d'assurer aux classes pauvres leur pain du lendemain. Or on n'alimente pas un peuple par décret ; il faut pour cela des mesures économiques, dont la première est de veiller soigneusement à la marche progressive de la population. Toute agglomération d'hommes qui n'est pas en rapport avec les productions du sol peut être comparée à un immense condensateur électrique ; le fluide s'accumule insensiblement, sans bruit, jusqu'à l'explosion qui amène la foudre et la tempête. Jadis c'était la guerre qui maintenait la population dans un équilibre normal ; de violentes saignées à de courts intervalles prévenaient toute pléthore du corps social. « J'ai trois cent mille hommes de revenu, » disait cyniquement le Tchinghiz-khan des temps modernes, Napoléon Ier. Cette méthode, chère aux rois absolus, disposant en souverains maîtres de la vie et des biens de leurs sujets, n'est plus aussi aisée aujourd'hui sous les monarchies constitutionnelles, qui doivent compter avec les peuples toutes les fois qu'il s'agit de lever des hommes ou de se procurer de l'argent. L'expérience et la raison nous apprennent que le véritable dérivatif des sociétés trop nombreuses est l'émigration. N'est-ce pas d'ailleurs par cette voie que l'espèce humaine doit arriver à la prise de possession de la planète, qui apparaît dans le lointain des âges futurs comme la grande étape de ses destinées ?

Ici se dresse un point d'interrogation. L'élan donné depuis quelques années à la navigation et aux chemins de fer facilitant l'accès des terres lointaines, il est permis de supposer que l'esprit de colonisation pénétrera de plus en plus dans la politique des peuples et ira en s'accentuant jusqu'à ce qu'un équilibre normal soit établi entre la population du globe et la surface des continents émergés ; mais dans quelles proportions les diverses tribus humaines suivront-elles ce mouvement ? N'est-il pas à craindre qu'il se produise de violentes expropriations de races, que les mieux douées ne s'étendent au détriment des plus faibles, et, dans cette dernière hypothèse, est-il permis d'entrevoir celle à qui serait réservé l'héritage de la planète ? Nous avons vu les races latines ouvrir avec la découverte du Nouveau-Monde l'ère des émigrations ; mais, comme si elles eussent été épuisées par un si grand effort, elles cèdent insensiblement le pas aux races teutoniques, plus faites à la fatigue qu'exigent les durs travaux du défrichement, plus prolifiques, plus portées par la rigueur du climat à quitter le sol natal. Au XVIIe siècle, les Hollandais avaient supplanté les Portugais dans la plus grande partie des colonies que ceux-ci avaient fondées. Au XVIIIe siècle, ce fut l'Angleterre qui supplanta la France. Ce sont les diverses tribus de souche germanique qui, à l'heure qu'il est, marchent résolument par cette voie à la conquête du globe. Déjà de puissants courants d'émigration sillonnent les mers et les continents pour préluder à cette prise de possession ; déjà l'Amérique, l'Australie, les îles et les archipels du Grand-Océan ont reçu les premiers éclaireurs de l'armée envahissante. Que deviendront les races jaune, rouge, brune et noire devant ce flot toujours croissant ? L'histoire de la découverte et de la conquête du Nouveau-Monde nous montre que l'homme du désert recule devant le colon européen et disparaît à mesure que la civilisation prend pied sur son sol. Il est donc permis de poser en principe que les tribus inférieures s'éteindront à la longue devant les fortes races de l'Occident. Cependant il convient de mentionner deux exceptions : le nègre, protégé par les ardeurs de l'Afrique équatoriale, et le rameau oriental de la famille jaune, le seul qui puisse affronter le courant européen sans se laisser absorber. Cette infraction à la loi commune s'explique peut-être moins par la densité de la population et par les fortes qualités physiques des peuples mongols que par leur développement cérébral, qui leur a permis d'atteindre cette cohésion qui fait la force des nations policées. Nos préjugés de race ne nous permettent guère d'apprécier d'une manière équitable les habitants de l'Asie centrale et de l'extrême Orient, de sorte que nous n'avons presque toujours sur eux que des notions incomplètes et souvent fausses. Nous professons à leur égard le dédain superbe qu'ils montrent pour ceux qu'ils appellent « les barbares de l'Occident, » au lieu de nous demander si au fond de cette civilisation dont nous ne connaissons que les dehors, il n'existe pas quelque indice d'énergies latentes prêtes à se développer au contact des tribus supérieures de la famille aryenne. Le Chinois n'est à nos yeux qu'un peuple destiné à végéter dans une éternelle enfance par suite d'un arrêt de développement qui l'aurait frappé dans 4a première phase de son évolution. Cette manière de voir semble, il est vrai, justifiée par tout ce que nous ont appris les voyageurs qui ont étudié les mœurs et l'état social du Céleste-Empire ; mais ne serait-il pas plus philosophique, plus conforme aux données de l'anthropologie et à une saine appréciation de l'histoire, de considérer ce prétendu arrêt de développement comme un stade naturel de l'évolution des races, comme le degré initial d'une série ascendante dont les autres termes nous échappent à raison de l'excessive lenteur qui préside à la succession des cycles organiques ? N'oublions pas que les Mongols connaissaient longtemps avant nous la poudre, l'imprimerie, la boussole, c'est-à-dire les trois grands leviers des temps modernes, — qu'ils peuvent le disputer aux Occidentaux en valeur et en courage, comme le prouvent les formidables invasions dont l'orient de l'Europe a été plusieurs fois le théâtre, — qu'ils l'emportent sur nous en vigueur physique ou tout au moins en puissance de résistance passive au travail, car personne n'ignore que le *coolie* chinois est l'élément colonisateur par excellence, et qu'il prospère là où succombe l'Européen, où dépérissent l'Indien, le Nègre et le Malais, — qu'enfin ils possèdent d'étonnantes facultés d'assimilation, ainsi qu'en témoignent les rapides progrès accomplis par le Japon depuis qu'il a ouvert ses ports aux navires étrangers. Il n'a peut-être manqué à ces peuples, pour devenir nos égaux, qu'un livre qui leur a fait défaut jusqu'ici, les *Éléments* d'Euclide ; mais, lorsque parurent les premiers feuillets de ce livre, les nations qui marchent aujourd'hui à l'avant-garde de l'humanité erraient dans les forêts de l'Europe à l'état de tribus sauvages. Il a fallu une longue suite de générations pour que ces peuplades quittassent les langes et les bégaiements de l'enfance, et pussent épeler les sublimes pages sorties plus de vingt siècles auparavant des écoles d'Ionie, de la Grande-Grèce, d'Athènes et d'Alexandrie, tandis que la nation hellénique, qui avait été la grande initiatrice de ce mouvement, n'est plus depuis longtemps qu'un souvenir historique. Pourquoi ne se produirait-il pas, aux âges futurs de notre espèce, un déplacement analogue dans l'échelle des races au profit de quelque tribu mongolique ? Il arrivera un jour où les hommes de l'Occident, usés par l'immense déploiement des forces vives qu'entraîne le labeur de la civilisation, s'éteindront comme s'éteint tout organisme qui accomplit le cycle normal de son évolution. Si à ce moment les Mongols conservent encore leur vigueur d'aujourd'hui, il est permis de supposer que, grandis à notre contact, ils entreront à leur tour dans l'ère scientifique et seront ainsi appelés à recueillir l'héritage du sol planétaire. Quoi qu'il en soit, quel que puisse être le sort réservé aux derniers représentants de la famille humaine, on peut établir en principe que l'expropriation qui menace les diverses tribus au profit des principaux rameaux du groupe aryen n'atteindra jamais, suivant toute probabilité, les branchés supérieures de la race jaune.

S'il est malaisé de déterminer les peuples qui paraissent devoir l'emporter dans la lutte suprême que se livrent les races pour se disputer la possession du globe, il n'est pas moins difficile d'évaluer le chiffre qu'atteindra la population humaine quand elle sera arrivée à l'apogée de son épanouissement. Nous avons dit que les terres émergées jusqu'ici présentent une surface d'environ 14 milliards d'hectares pouvant alimenter 14 milliards d'individus à raison d'un habitant par hectare. Les termes de ce rapport variant avec les âges géologiques, on ne saurait établir sur de telles bases que des calculs approximatifs. L'étude des couches du sol nous montre que la distribution des eaux et des continents se modifie d'âge en âge suivant une loi constante : d'une faible étendue à l'origine, les terres ont gagné progressivement en surface, tandis que les océans se sont retirés par une marche inverse. Ce double mouvement va toujours se continuant, bien qu'il échappe à l'observation directe, comme tant d'autres phénomènes cosmiques, par suite de la lenteur avec laquelle agissent les forces qui les produisent. De nouvelles îles, de nouvelles assises continentales s'ajouteront à celles qui sont déjà formées, offrant ainsi un plus grand espace au développement de notre espèce ; mais cette émergence de nouvelles terres, ne pouvant s'opérer sans un retrait proportionnel de la surface des mers, sera suivie d'un ralentissement dans l'activité productrice du globe. La végétation, dont l'eau constitue l'élément essentiel, s'alanguira à mesure que les océans cesseront de répandre dans l'atmosphère les vapeurs qui fertilisent le sol. D'un autre côté, les découvertes récentes de la science ont révélé un fait depuis longtemps soupçonné, le refroidissement du soleil. La chaleur de cet astre, qui forme le facteur initial de la vie des plantes, s'affaiblissant à la longue, retardera le jeu des forces organiques et arrêtera du même coup l'essor de la population. Le chiffre de 14 milliards, qui représente le nombre d'habitants que nourrirait aujourd'hui la terre, si elle était cultivée dans toutes ses parties, ne doit donc être considéré que comme une limite qu'on ne pourra jamais atteindre ni même approcher que de loin. En effet, les obstacles qui ont empêché jusqu'ici les races fortes et prolifiques de coloniser les zones habitables pourront être supprimés en partie, mais, suivant toute probabilité, ne le seront jamais complètement. D'autre part, si on compare la végétation de l'époque actuelle à celle de l'époque tertiaire, qui permettait à la flore des tropiques de s'épanouir jusque dans les régions boréales, si on rapproché également les espèces animales d'aujourd'hui des gigantesques mammifères qui peuplaient les solitudes de l'ancien monde, on s'aperçoit que des indices non équivoques d'épuisement s'accusent dans les diverses manifestations de la vie planétaire. La force plastique qui mit jadis en œuvre ces créations colossales va s'affaiblissant d'âge en âge, et l'on peut dire que depuis les derniers dépôts des terrains tertiaires le globe est entré dans son déclin.

Ce dualisme entre la terre déjà vieille et l'humanité encore jeune et grandissante, ne doit point être perdu de vue par ceux qui cherchent à pressentir le dernier mot des destinées humaines. Est-il possible à l'heure qu'il est de poser ce problème, d'indiquer le terme fixé à l'évolution de notre espèce ? Bien qu'il soit difficile, vu l'état peu avancé des études sociologiques, de se faire des idées justes sur le *devenir* des sociétés, il ne nous paraît pas impossible d'aborder le redoutable point d'interrogation que nous venons de poser, car ici nous rentrons dans le domaine des sciences naturelles, et nous trouvons, pour nous guider dans nos recherches, un faisceau compacte d'inductions tirées des lois organiques, planétaires et cosmiques.

Après avoir présenté, dans une marche toujours ascendante,

les divers stades de l'âge viril, l'humanité, semblable au vieillard parvenu au terme de sa carrière, entrera dans une période décroissante caractérisée par l'endettement de ses forces vives, le dépérissement, l'extinction. Cet arrêt de mort, qu'on pourrait prendre pour un *a priori* philosophique fondé sur de simples analogies, repose sur les données les plus solidement établies des sciences biologiques. Une loi entrevue par Lamarck et vérifiée depuis par la paléontologie et l'embryologie comparées, nous apprend que l'espèce, évoluant comme l'individu, dont elle n'est en quelque sorte que la trajectoire à travers les âges, reproduit toutes les phases organiques de ce dernier. L'espèce est à l'individu ce que l'arbre est au bouton qui donne la fleur : tandis que quelques jours ou quelques semaines suffisent à celui-ci pour accomplir le cycle de son existence, le tronc semble défier le temps ; il tombe cependant de vétusté le jour où la vie ne peut plus pénétrer dans des organes rendus impropres à la circulation par le labeur séculaire de la sève. Tout membre de l'échelle zoologique est un foyer de combustion destiné à s'éteindre lorsque la somme des éléments comburants qui lui est dévolue a été consumée. Il en est de même des espèces ; elles s'éteignent à mesure qu'elles ont perdu la somme des énergies qui leur avaient été départies à l'origine, et la paléontologie nous les montre à l'état fossile aux diverses couches de l'épiderme tellurique.

La théorie de Darwin, quelles que soient d'ailleurs les lacunes qu'elle présente encore, est ici d'un précieux secours, car elle explique de la manière la plus simple le dépérissement et l'extinction graduelle des formes organiques, en nous faisant connaître, parmi les causes de destruction, celle qui paraît agir comme le facteur le plus puissant. On sait qu'une des conséquences immédiates des vues du célèbre naturaliste est que les espèces terrestres, aussi bien que les espèces aquatiques, sont filles de l'océan. Pour parler d'une manière plus précise et afin de ne pas trop heurter les idées reçues, nous dirons que le milieu dans lequel s'est accomplie la genèse animale, au lieu d'être un fluide gazeux comme l'air atmosphérique, a été un fluide liquide. Cette manière de voir, à laquelle nous avaient depuis longtemps préparés les travaux des chimistes sur le mode de formation des organismes élémentaires, a été confirmée de nos jours par l'embryologie, qui retrouve invariablement dans la première phase de l'évolution fœtale de chaque vertébré un type rappelant la structure des poissons les plus simples. Or il est d'axiome en biologie que la première forme fœtale d'un animal quelconque est la reproduction abrégée de la première forme ancestrale de l'espèce à laquelle cet animal appartient. L'avidité que mammifères et oiseaux montrent pour les sources salées, ou plus généralement l'eau et le sel, éléments d'ailleurs essentiels à la souplesse et à la vigueur des organes, est comme un souvenir inconscient de cette genèse océanique. J'ai vu, dans l'Amérique du Sud, les animaux de l'intérieur des terres venir lécher les jambes de chevaux qui arrivaient des bords de la mer. Aux yeux des naturalistes, ce goût, on pourrait dire ce besoin pour le sel, doit trouver son explication, non dans la saveur de ce condiment, mais dans le principe même de l'organisation animale, dans la composition du sang, dont les chlorures alcalins ont été puisés à l'origine dans le liquide générateur. La respiration branchiale faisant place insensiblement dans quelques espèces à la respiration pulmonaire, ces dernières en viennent à quitter l'eau si leur organisation leur permet de soutenir sur le continent la lutte pour l'existence. Ainsi transplantées dans un milieu complètement différent de celui où elles avaient pris naissance, elles perdent dans le cours des âges la somme des énergies vitales qu'elles tenaient du fluide nourricier, s'étiolent, dépérissent et finissent par s'éteindre, tandis que certains cétacés, comme la baleine et le cachalot, profitant de la vigueur que donne la respiration aérienne, sans quitter le milieu primitif, n'ont cessé d'augmenter de volume et dépassent les formes gigantesques que nous révèlent les fossiles des anciennes époques géologiques. Quoi qu'il en soit de ces vues théoriques, deux faits restent irrévocablement acquis à la science : l'appauvrissement de la force plastique qui modela la puissante faune des terrains tertiaires, et l'extinction successive des espèces. La race humaine n'étant, au point de vue organique, qu'un rameau de l'arbre de la vie, ne saurait échapper à la loi commune. L'étude des modifications que le temps amène dans l'économie du globe conduit aux mêmes conclusions en nous révélant de nouvelles causes de destruction organique. La terre, disait Karl Ritter, forme le corps de l'humanité, et l'humanité est l'âme de la terre. Cette pensée aussi juste que profonde nous fait entrevoir l'avenir réservé à notre espèce. Sortie du sol planétaire, la plante humaine cessera de prospérer du moment qu'elle ne trouvera plus autour d'elle les éléments nécessaires à l'élaboration de la sève. Or les trois composantes primordiales de toute organisation végétale ou animale, l'eau, l'air et la chaleur solaire, subissent des modifications qui les rendront un jour impropres à l'entretien des fonctions de la vie. L'eau tend à disparaître, soit en s'infiltrant dans le sol, soit en se combinant avec ses éléments. Nous avons dit qu'à l'origine elle recouvrait toute la surface du globe, et que chaque formation géologique est marquée par une apparition de nouveaux continents et un retrait de l'Océan. Si on observe les vallées qui ont été le siège de phénomènes glaciaires, on constate que les cours d'eau de cette époque avaient un volume beaucoup plus considérable que ceux d'aujourd'hui. Cette diminution est même sensible depuis les temps historiques ; dans la haute Égypte, on voit encore gravées sur le roc les marques des crues du Nil du temps des pharaons ; ces marques sont de plusieurs mètres au-dessus des crues actuelles. L'eau disparaîtra donc du globe, à moins qu'elle ne soit arrêtée et figée par le froid. L'air paraît avoir les mêmes tendances, surtout l'oxygène, toujours porté, comme on sait, à entrer en combinaison avec les éléments du sol. D'ailleurs d'autres gaz d'origine terrestre ou cosmique peuvent s'y mêler et le rendre impropre à la respiration ; les émanations gazeuses des volcans rendent compte de la première hypothèse, les queues des comètes qu'on a vues s'étaler sur une longueur de plus de 60 millions de lieues et qui peuvent par conséquent envelopper la terre, si elles la rencontrent dans son orbite, justifient la seconde. Enfin il viendra un jour où les rayons du soleil, par suite du refroidissement graduel de cet astre, perdront leur puissance, puis s'éteindront pour toujours. Une nuit éternelle enveloppera alors le globe, d'où toute végétation, par suite tout être vivant, auront disparu. L'âge des ténèbres viendra clore le cycle des destinées planétaires ; mais avant cette époque, qui probablement est encore éloignée de quelques millions de siècles, les glaces polaires, s'il existe encore au fond des océans de l'eau pour les alimenter, n'étant plus arrêtées dans leur marche envahissante, s'achemineront vers l'équateur, refoulant devant elles les derniers débris des races humaines.

Complétons ces considérations sur l'homme par un dernier point d'interrogation : comment déterminer dans la chronologie des âges de l'humanité celui qui correspond à l'époque actuelle ? Rappelons d'abord que nous avons établi quatre grands stades marquant les quatre phases principales de la vie des sociétés, l'enfance, la jeunesse, l'âge viril, la vieillesse, et que voulant les désigner par les traits qui les caractérisent le mieux, nous les avons appelés période de formation politique, cycle de floraison esthétique, ère de maturité scientifique, époque de décomposition organique. Rappelons aussi que la plupart des tribus humaines s'éteignent dans les tâtonnements de la première période, que très peu arrivent à la seconde, et que la famille aryenne paraît jusqu'ici la seule qui puisse, atteindre la troisième. C'est donc dans ce dernier groupe que nous devons circonscrire notre champ d'études. Or si d'un côté on observe que toutes les nations indo-européennes sont depuis longtemps constituées, et si d'un autre côté on met en regard des monuments de toute sorte produits par la littérature et par les arts plastiques, l'éclosion tardive de la science, les lenteurs de son rayonnement, le peu de place qu'elle occupe encore dans la conduite des hommes, dans l'économie des gouvernements et des sociétés, on conclura aisément que c'est en pleine floraison esthétique que se trouvent les peuples qui marchent aujourd'hui à la tête de la civilisation. L'art, qui est le trait caractéristique de l'adolescence des nations, a choisi comme centre d'éclosion les races gréco-latines pour rayonner de là dans les autres pays. Ces races sont-elles également propres à inaugurer l'ère scientifique ? C'est ce que l'avenir seul pourra nous apprendre. Il serait téméraire de compter sur les institutions pour changer les aptitudes naturelles. On a beaucoup exagéré, surtout depuis Machiavel, la part des institutions, de l'initiative individuelle dans les destinées des peuples. Loin de nous la pensée de nier le rôle que jouent les croyances, les mœurs, les lois imposées à un pays par un législateur ou par les nécessités locales. Il suffit de comparer les nations asiatiques, coulées depuis des siècles dans le moule du bouddhisme, avec les peuples de l'Europe, pétris par le christianisme, ou le monde arabe, façonné par l'islam, l'immobilité des vieilles monarchies orientales avec l'activité fiévreuse que la jeune Amérique puise dans ses institutions démocratiques. L'action des institutions ressemble à celle que le jardinier exerce sur les arbres d'un parc. Il peut percer des allées, écarter des troncs les plantes parasites, émonder les grosses branches, entretenir des carrés de verdure, donner à force de soins et de patience une certaine régularité géométrique à tous ces massifs ; il ne change en rien la marche ni l'activité de la sève. Que son travail s'arrête un seul jour, et aussitôt la végétation de reprendre sa marche envahissante et le parc de redevenir une forêt. Il en est de même de la plante humaine, ou, pour parler plus exactement, de l'animal humain. L'action des institutions ne dépasse pas son épiderme : comme il est indomptable, on doit se contenter de le museler ; les meilleures lois se bornent à cela. En est-il beaucoup qui atteignent ce but ? Il est permis d'en douter.

Nous ne pousserons pas plus loin ces considérations, car nous en avons dit assez pour montrer quels secours les diverses branches de la sociologie peuvent tirer des découvertes des sciences naturelles, notamment de la biologie. Nous nous résumerons en disant que, ces études étant encore à leur début, les esprits soucieux de ne pas s'écarter des sages préceptes tracés par la philosophie positive ne doivent chercher à lire dans l'avenir des sociétés qu'avec une circonspection, d'autant plus grande que l'espèce humaine paraît encore jeune et riche en énergies latentes, tandis que le globe qui la porte et d'où elle puise les matériaux de sa sève, laisse déjà entrevoir des symptômes d'épuisement. Cependant un fait paraît hors de conteste : les tendances envahissantes de la famille aryenne, qui gagne chaque jour sur les tribus inférieures, et sa marche lente, mais soutenue, vers une connaissance de plus en plus complète des lois du temps et de l'espace, vers une ère que nous avons appelée l'ère scientifique. Cet âge marquera l'apogée de l'humanité virile. Envisagée en effet dans ses résultats, la science peut se définir la conquête par l'homme des forces cosmiques, leur dressage, si je puis m'exprimer ainsi, leur transformation en machines souples et intelligentes. Faire servir ces auxiliaires à l'appropriation et à la culture de la ferme planétaire, afin d'en tirer le maximum de rendement, tel est le but final de nos efforts, et s'il existe ici-bas une destinée pour notre espèce, n'est-ce pas la seule qu'il convient de lui attribuer ? Verra-t-on se réaliser alors le rêve des philosophes, je veux dire la justice parmi les hommes, la prospérité dans les états, la paix entre les peuples ? On n'oserait l'affirmer, si l'on tient compte à la fois de la nature de l'être humain et du milieu où il se trouve placé. Le champ de la planète, étant limité, ne cessera jamais de laisser planer sur nos têtes l'inexorable loi de Malthus. Les existences trop faibles pour soutenir la lutte de la vie seront perpétuellement broyées par celles qui se trouveront mieux armées ou mieux servies par les circonstances ambiantes ; celles-ci à leur tour succomberont devant les forces de la nature que nous n'aurons pas su dompter. Le progrès adoucira ces rigueurs, mais ne les abolira jamais. Les perspectives édéniques que notre imagination se plaît à placer au terme de notre carrière ne sont peut-être, suivant un mot bien connu, que « le songe d'un homme éveillé. »

ISBN : 978-1548863241